광해군은 선조의 뒤를 이어
임진왜란의 뒷수습을 하고자 노력했어요.
토지 대장과 호적을 새로 만들어
나라 재정 수입을 늘렸고, 성곽과 무기를
수리하는 등 국방에 힘을 기울였지요.
이때 여진족이 세운 후금이 명나라를 위협할
정도로 힘이 세졌다는 것을 안 광해군은
중립 외교 정책을 펼쳐 외침을 피했어요.

추천 감수 박현숙(고대사)

고려대학교 사범대학 역사교육과를 졸업하고 동 대학원에서 문학박사 학위를 받았습니다. 현재 고려대학교 사범대학 역사교육과 교수로 재직 중이며, 백제 문화와 고대 인물사 등에 대한 활발한 연구를 계속하고 있습니다. 쓴 책으로 〈백제의 중앙과 지방〉, 〈한국사의 재조명〉 등이 있습니다.

추천 감수 정구복(고려사 · 조선사)

서울대학교 사범대학 역사교육과를 졸업하고 서강대학교에서 문학박사 학위를 받았습니다. 한국학중앙연구원 한국학대학원의 교수로 재직 중이며, 한국학중앙연구원 한국학대학원 원장을 역임하였습니다. 쓴 책으로 〈한국인의 역사 의식〉, 〈역주 삼국사기〉, 〈한국 중세 사학사 1, 2〉 등이 있습니다.

추천 감수 김한종(근현대사)

서울대학교 사범대학 역사교육과를 졸업하고 동 대학원에서 역사교육을 전공하여 문학박사 학위를 받았습니다. 현재 한국교원대학교 교수로 재직 중입니다. 쓴 책으로 〈역사 교육 과정과 교과서 연구〉, 〈역사 교육의 내용과 방법〉(공저), 〈한 · 중 · 일 3국의 근대사 인식과 역사 교육〉(공저), 〈역사 교육과 역사 인식〉(공저) 등이 있습니다.

고증 문중양(과학사)

서울대학교 계산통계학과를 졸업하고 동 대학원에서 이학박사 학위를 받았습니다. 쓴 책으로 〈우리 역사 과학 기행〉, 〈우리의 과학문화재〉(공저), 〈세종의 국가 경영〉(공저) 등이 있습니다.

고증 정연식(생활사 및 복식)

서울대학교 국사학과를 졸업하고 동 대학원에서 문학박사 학위를 받았습니다. 쓴 책으로 〈조선 시대 사람들은 어떻게 살았을까?〉(공저), 〈일상으로 본 조선 시대 이야기 1, 2〉 등이 있습니다.

글 박영규

1996년 밀리언셀러 〈한권으로 읽는 조선왕조실록〉을 출간한 이후 〈한권으로 읽는 고려왕조실록〉, 〈한권으로 읽는 백제왕조실록〉, 〈한권으로 읽는 신라왕조실록〉 등 '한권으로 읽는 역사 시리즈'를 펴내면서 쉽고 재미있는 역사책 읽기의 바람을 일으켰습니다. 그 외에도 〈교양으로 읽는 한국사〉 등의 많은 역사책을 썼습니다.

그림 김세현

경희대학교 미술과에서 동양화를 공부하고 수묵화를 주로 그리는 일러스트레이터가 되었습니다. 현재 프리랜서 일러스트레이터로 활동하고 있으며 그린 책으로 〈만년 샤쓰〉, 〈모랫말 아이들〉, 〈아름다운 수탉〉 등이 있습니다.

이미지 제공

연합포토, 중앙포토, 국립중앙박물관, 국립부여박물관, 국립경주박물관, 국립민속박물관, 유연태(사진작가), 허용선(사진작가)

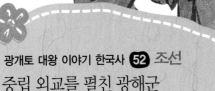

광개토 대왕 이야기 한국사 52 조선

중립 외교를 펼친 광해군

총기획 및 발행인 박연환
발행처 (주)한국헤르만헤세
출판등록 제17-354호
연구개발원 경기도 성남시 분당구 금곡동 444-148
대표전화 (031)715-7722
팩스 (031)786-1100
본사 서울시 송파구 석촌동 7-3
대표전화 (02)470-7722
팩스 (02)470-8338
고객문의 080-715-7722
편집 임미옥, 백영민, 윤현주, 지수진, 최영란
디자인 장월영, 주문배, 김덕준, 김지은

© Korea Hermannhesse

△ 주의 : 본 교재를 던지거나 떨어뜨리면 다칠 우려가 있으니 주의하십시오.
고온 다습한 장소나 직사광선이 닿는 장소에는 보관을 피해 주십시오.

이 책의 표지는 일반 용지보다 1.5배 이상 고가의 고급 용지인 드라이보드지를 사용해 제작하였습니다. 표지를 드라이보드지로 제작하면 습기의 영향을 덜 받기 때문에 본문 용지가 잘 울지 않고, 모양이 뒤틀리지 않아 책을 오랫동안 보존할 수 있습니다.

이 책은 기존의 석유 잉크 대신 친환경 식물성 원료인 대두유 잉크를 사용하여 인쇄하였습니다. 대두유 잉크는 선진국에서 널리 사용하고 있는 고가의 대체 잉크로, 휘발성이 적어 인쇄 상태의 보존이 용이하고, 인체에 무해할 뿐만 아니라 눈에 부담을 주지 않는 자연스러운 색을 내는 특징이 있습니다.

중립 외교를 펼친
광해군

감수 **정구복** | 글 **박영규** | 그림 **김세현**

한국헤르만헤세

평가가 엇갈리는 광해군

어렵게 왕위에 오른 광해군

선조는 14명의 아들을 두었지만 왕비가 낳은 아들은 없었어요.

선조는 자신이 왕비의 아들이 아니어서 다음 왕만은 꼭

왕비가 낳은 아들이기를 바랐는데 뜻대로 되지 않았어요.

1592년, 마침내 조정의 중신들은 세자 책봉을 거론하기 시작했어요.

좌의정 정철은 우의정 유성룡, 영의정 이산해 등과 함께

누구를 세자로 세울지 논의를 했어요.

장남인 임해군 말고도 신성군과 광해군이 세자 후보로 거론되었지요.

"가장 뛰어난 분은 광해군입니다. 학문이 깊고

성품이 대범하여 많은 신하들이 따르고 있어요."

하지만 동인 출신의 이산해는 정철의 생각과 달랐어요.

이산해는 신성군의 어머니인 인빈 김씨를 만나 음모를 꾸몄지요.

"정철 대감이 광해군을 세자로 세우려 하고 있사옵니다.

광해군이 왕위에 오르면 틀림없이 마마와 신성군을 없애려고 할 테니……."

인빈은 곧장 선조에게 달려갔어요.

"폐하, 어찌하면 좋습니까, 흑흑. 정철이 저희 모자를 죽이려는

무서운 음모를 꾸미고 있다고 하옵니다."

아무것도 모르는 정철은 다음 날 편전에 나아가 선조에게 아뢰었어요.

"폐하, 이제 세자를 세우셔야 하옵니다. 광해군께서 뛰어나……."

선조는 정철의 말을 끝까지 듣지도 않고 버럭 소리를 질렀어요.

"무엄하도다. 왕실에서 알아서 할 일이거늘 어찌 쓸데없는 말로
조정을 어지럽히는가? 그 죄가 가볍지 않도다."

정철이 귀양을 가자 같은 서인 출신들이 편을 들고 나섰어요.

그러자 선조는 그들에게까지 죄를 물었지요.

이후 신하들은 한참 동안 세자 문제를 입 밖에 꺼낼 수 없었어요.

그러던 중 임진왜란이 일어나 나라는 발칵 뒤집히고 말았어요.
할 수 없이 선조는 조정을 둘로 나누어 피난을 가는 신하들과
남아 있을 신하들로 나누었지요.
그러고는 광해군을 세자로 삼겠다고 알리면서
세자에게 평양성을 지키라고 명령했어요.
하지만 세자를 정하는 일은 명나라의 허락을 받아야 했어요.
명나라에서는 맏아들인 임해군이 있다는 이유로 광해군을 세자로
인정하지 않았어요.
광해군은 나라 안에서는 세자로 인정받았지만
언제든지 뒤집힐 수 있는 불안한 위치에 있었어요.
그러나 광해군은 그런 일에 신경을 쓰지 않았어요.

선조가 피난을 떠나자 백성들은 선조를 원망하고 미워했어요.

이렇게 불평하는 백성들을 다독인 사람이 광해군이에요.

광해군은 전쟁이 끝날 때까지 세자의 역할을 훌륭하게 해냈어요.

백성들과 신하들에게도 두터운 믿음을 주었지요.

이제 광해군이 다음 왕이 될 것이 거의 확실해 보였어요.

그런데 새로 왕비가 된 인목 왕후가 1606년에

영창 대군을 낳자 상황은 달라졌어요.

그토록 원하던 적자가 태어났으니까요.

선조는 물론 여러 신하들의 마음도 흔들렸어요.

마침내 영의정 유영경이 나섰어요.

"왕위는 적자가 잇는 것이옵니다.

적자인 영창 대군을 세자로 삼으소서."

세자 저하의
뜻을 받드세!

암
그래야지!

10

선조가 쉽게 결정을 내리지 못하자, 조정은 광해군을 지지하는
대북파와 영창 대군을 지지하는 소북파로 나뉘어 다투었어요.
선조는 죽음을 앞두고 영의정 유영경을 불러 교지(왕이 신하에게
내려 주는 문서)를 내렸어요.
"광해군을 왕위에 앉히게. 그리고 영창 대군을 잘 부탁하네."
"폐하, 영창 대군을 세자로 세우소서."
"그러고 싶네만 영창 대군은 너무 어리지 않은가."
그러나 유영경은 광해군을 왕위에 앉히라는
선조의 교지를 몰래 숨겨 버렸어요.

조선을 꼭
지켜 내자!

선조의 뜻을 알고 있던 인목 대비가 광해군을 왕으로 세우려고 하자
유영경은 인목 대비를 찾아갔어요.

"광해군을 왕으로 세우면 영창 대군은 무사하지 못하옵니다."

"광해군은 현명한 사람입니다. 그런 일은 없을 거예요."

"아직까지도 명나라가 세자 책봉을 허락하지 않고 있으니
세자는 언제든 바뀔 수 있사옵니다."

"그러나 많은 대신들과 백성들이 광해군을 지지하고 있지 않습니까!"

사실 인목 대비는 영창 대군이 왕이 되는 것이 두려웠어요.

자신이 어린 왕 대신 수렴청정을 할 때 받게 될 비난도 무서웠지요.

결국 1608년 2월, 인목 대비는 광해군을
조선 제15대 왕으로 앉힌다는 교지를 내렸어요.

▲ 인목 대비의 어필 판본회

인목 대비는 영창 대군의 어머니야.

인목 대비는 현명했네.

조정에 부는 피바람

1608년에 광해군이 왕위에 올랐어요.

광해군은 먼저 조정의 기틀을 잡은 뒤, 전쟁으로 엉망이 된
나라 재정을 회복하는 데 온 힘을 쏟았어요.

또 당파와 상관없이 백성들의 존경을 받고 있던 이원익을
영의정에 임명하여 당쟁을 끝내고자 했지요.

하지만 자신을 지지하는 정인홍과 이이첨 등이 유영경을
없애라고 자꾸 부추겼어요.

광해군은 그들의 압력을 이기지 못하고 유영경을 귀양 보내 죽였어요.

더 이상 끔찍한 사건을 보지 않겠다고 다짐한 광해군이었지만,

사건은 이상한 곳에서 터졌어요. 조선 조정에서 광해군의 왕위 계승을

인정받기 위해 명나라에 보낸 사신단 중
이호민이 엉뚱한 소리를
한 거예요.

▲ 영의정 이원익

신변의 위협을
무릅쓰고 광해군에게
바른 정치를 하라고
충고했어.

명나라는 광해군의 왕위 계승을 의심스러워했어요.

"어찌하여 맏아들 임해군을 놔두고 둘째가 왕위를 이었는가?"

당황한 이호민은 이렇게 둘러댔어요.

"임해군은 스스로 왕위를 받지 않고 부왕의 무덤을 지키고 있습니다.

게다가 임해군은 중풍을 앓고 있습니다."

"중풍을 앓으며 부왕의 무덤을 지킨다? 말도 안 되는 소리!

우리 명나라 조정에서 곧 조사단을 파견할 것이오."

그 소리를 듣고 광해군은 내정 간섭이라며 몹시 흥분했지만

명나라의 조사단이 오는 것을 막을 수는 없었어요.

그 대신 이이첨이 임해군을 협박하여 입을 막고, 사신들에게는

엄청난 뇌물을 줌으로써 별 탈 없이 마무리되었어요.

그러나 명나라 조사단이 돌아가자마자 정인홍이 상소를 올렸어요.

"임해군의 행동이 수상합니다. 왕실의 기강을 세우소서."

광해군은 임해군을 해치고 싶지 않았지만 다른 방법이 없었어요.

결국 임해군의 집에 드나드는 자들을 잡아 죄를 물었고,

임해군을 강화도 교동으로 귀양 보냈어요.

뒤이어 이이첨이 교동 현감 이직을 시켜 임해군을 죽이고는

임해군이 스스로 죽었다고 보고했어요.

임해군을 없애 버린 대북파는 이제 영창 대군을 지지하는 소북파를

밀어내기 위해 일을 꾸미기 시작했어요.

어린 영창 대군을 죽이다

1612년 어느 날, 황해도 봉산 군수 신율이 김경립을 잡아들였어요.
군대를 빠지려고 관아의 도장을 가짜로 만들어 썼다가 들킨 거예요.
"이이첨뿐 아니라 폐하까지 몰아내려 한 것이 사실이렷다!"
신율은 이렇게 김경립을 몰아세웠고, 결국 거짓 자백을 받아 냈어요.

바른대로
말하지 못할까!

16

"맞습니다. 그 일의 우두머리는 김직재와 김백함 부자입니다."
이 사건이 바로 '김직재 옥사 사건'이에요.
김직재는 광해군을 매우 싫어하는 사람이었어요.
임진왜란 중에 아버지가 죽었는데 고기와 술을 먹었다가
광해군에게 관직을 빼앗겼기 때문이지요.

광해군과 이이첨을
몰아내려고….

대북파는 김직재를 이용해 소북파를 없애려고 했어요.

대북파는 즉시 김직재와 김백함을 잡아들여 무섭게 고문했어요.

"선조의 아들 순화군의 양자인 진릉군을 왕으로 세우려 했습니다."

고문을 이기지 못한 김직재는 이렇게 거짓 자백을 했어요.

이 자백으로 진릉군은 관직을 빼앗기고 한양 밖으로 내쫓겼지요.

이 일로 김직재, 김백함 부자는 죽임을 당하고

100여 명에 이르는 소북파 사람들이 조정에서 쫓겨났어요.

소북파를 몰아낸 대북파는 아직 어리지만 가장 위협적인 존재인

영창 대군을 없앨 계획을 세우고 있었어요.

그런데 때마침 '계축옥사'가 발생했어요.

대북파로서는 손뼉을 치며 기뻐할 일이었지요.

1613년, 한 무리의 상인들이 경상도 문경 새재를 넘고 있었어요.

그때 갑자기 산적들이 상인들을 덮쳤는데, 이들은 단순한 도적 떼가

아니라 조선에서 내로라하는 양반 집안의 서자(본부인이 아닌 다른 여자가 낳은 아들)들이었어요. 박응서, 심우영, 서양갑, 박치의, 박치인, 이경준, 허홍인이 바로 그들이에요.

이들은 스스로를 '강변칠우' 즉, '강가에 사는 일곱 명의 벗'이라고 불렀어요. 그리고 당대 최고의 문학가인 허균, 김경손 등과 친하게 지낼 만큼 학문도 갖추고 있었지요.

이들이 친하게 된 것은 양반의 서자라는 공통점 때문이었어요. 광해군이 왕위에 오른 뒤에는 다음과 같은 상소도 올렸어요.

"서자들은 아무리 학문이 깊어도 과거에 나가지 못합니다. 적자와 서자의 차별을 없애 인재를 고루 뽑아 쓰시고……."

그러나 그들의 상소는 거부당하고 말았어요.

이때부터 이들은 모이기만 하면 광해군에 대한 불만을 터뜨렸어요.

"지금 왕도 우리 같은 서자가 아닌가."

▲ 허균의 생가

허균은 생각이 트인 사람이었어.

"어떤 서자는 임금도 되는데, 우리는 서자라는 이유로
과거도 보지 못하다니 이게 말이 되는가?"
결국 이들은 '무륜당'이라는 단체를 만들어 전국을
돌아다니며 도적질을 일삼았어요.
이들은 새로운 세상을 열기 위해 돈을 모은다는
명분을 내세웠지요.
"차별 없는 세상을 만들기 위해서는 돈이 필요하다.
상인들은 돈이 많으니 그들을 털도록 하자."
그러나 1613년 문경 새재에서 무륜당의 공격을 받은
사람들 중 노비 하나가 간신히 도망쳤고,
그 노비의 고발로 강변칠우가 모두 붙잡히게 되었어요.
이이첨은 이 사건이 터지자 박수를 치며 즐거워했어요.
"이 사건을 잘 이용하면 영창 대군을 없앨 수 있겠군!"
이이첨은 한희길을 불러 특별히 부탁했어요.
"범인들에게 역모 자백을 받아 내게. 광해군을 쫓아내고
영창 대군을 세우려 했다는 자백을 말이야."
한희길은 곧 박응서를 만나 설득했어요.
"시키는 대로만 하면 자네 집안은 무사할 걸세."
한희길의 협박과 꾐에 넘어간 박응서는
광해군에게 몰래 글을 올렸어요.

"강변칠우는 도적질을 통해 민심을 흔들어 놓고,
돈을 모아 무사를 키우려 했습니다. 나아가 광해군을
몰아내고 영창 대군을 왕위에 앉힌 후 인목 대비가
수렴청정을 하게 하려고 했습니다."
서양갑은 고문을 이기지 못해 거짓 자백을 했어요.
"인목 대비의 아버지 김제남이 우리의 우두머리입니다.
인목 대비도 우리의 계획을 알고 돕고 있습니다."
이 같은 서양갑의 거짓 자백으로
김제남과 그의 세 아들은 죽임을 당했어요.
이외에도 수많은 사람들이 목숨을 잃거나 쫓겨났어요.
영창 대군도 강화도로 귀양 갔어요.
강화도 부사 정항은 영창 대군을 방 안에 가두고는
아궁이에 불을 계속 지폈어요.
영창 대군은 너무 뜨거워 어쩔 줄을 모르다가
달궈진 방 안에서 숨을 거두고 말았지요.
이 사건이 바로 '계축옥사'랍니다.
얼마 뒤 인조의 동생인 능창 대군 역시 광해군에
의해 죽임을 당하고 말았어요.
인목 대비마저 서궁에 가두어 버림으로써
조정은 대북파의 세상이 되었어요.

허균과 홍길동

〈홍길동전〉을 알고 있나요? 〈홍길동전〉을 지은 사람은 허균이에요.
허균은 양반 자식으로 훌륭한 교육을 받았지만
혼란한 사회를 바로잡으려는 꿈이 있었어요.
26세의 나이로 문과에 급제하여 황해도 도사,
삼척 부사 등이 되었지만
기생과 불교 문제 때문에
벼슬에서 쫓겨났어요.

바로 그 즈음 계축옥사가 터졌어요.

허균은 계축옥사의 중심인 강변칠우와 가까이 지낸 일로

목숨이 위태로워지자 이이첨을 찾아가 도움을 청했어요.

형조 참의 자리에 앉게 된 허균은 깊은 학식과 뛰어난 문장으로

광해군의 총애를 받았지만, 더 큰 꿈을 꾸고 있었어요.

서자를 차별하는 신분 제도를 없애고, 사림 간의 싸움을 멈추게 하는 등

새로운 세상을 만드는 꿈을 키우고 있었던 거예요.

허균은 이를 위해서는 혁명이 필요하고 혁명을 위해서는 전국적으로

사람을 모아야 한다고 생각하고 실천에 옮겼어요.

"전국 방방곡곡에 소문을 내시오! 북방에서는 여진족이 쳐들어왔고,

왜구는 섬을 점령하고 남쪽에 상륙하려 하고 있다고 말이오."

소문은 금세 퍼졌고 사람들은 피난을 가야 한다고 난리였어요.

"헛소문을 퍼뜨린 범인을 당장 잡아들이거라."

조정이 벌집 쑤신 듯한 가운데, 이번에는 남대문에 벽서가 나붙었어요.

"조정은 전쟁을 애써 숨기려 하고 있다.

또다시 임진왜란 때와 같은 비극이 일어나서는 안 된다."

벽서를 읽은 백성들은 어려웠던 시절을 떠올리며 크게 흔들렸어요.

드디어 허균은 전국에 흩어져 있던 부하들에게 명령했어요.

"이제 한성을 점령할 때가 되었으니, 모두 한성으로 모여라!"

그러나 부하 현응민이 한성으로 들어오다가 붙잡히면서

역모가 드러나고 말았어요.

결국 허균은 이이첨에게 붙잡혀

죽임을 당했어요.

〈홍길동전〉은 최초의 한글 소설이야.

허균의 역모가 성공했다면 어땠을까?

▲ 허균이 지은 〈홍길동전〉

쫓겨나는 광해군

1608년, 광해군은 선혜청을 설치하고 경기도에 대동법을 실시했어요.

백성들을 공물의 부담에서 벗어나게 해 주기 위한 제도였지요.

하지만 안타깝게도 대동법은 전국으로 퍼지지 못했어요.

이 무렵 누르하치가 1616년에 여진족을 통일하여 후금을 세웠어요.

그 세력은 점점 커져 명나라를 위협했지요.

당시 명나라 황실은 사치와 향락에 빠져 있었고, 이에 화가 난 백성들은

곳곳에서 봉기를 일으켜 나라가 어지러웠어요.

"머지않아 전쟁이 나면 명나라는 우리에게 군대를 요구할 것이니

자칫 명나라 편을 들었다가는 큰 화를 입을지도 모르오."

광해군은 미리 명나라에 대해 실리적으로 대처할 방법을 세웠어요.

그 방법의 하나로 여진족의 침입을 잘 막은 박엽을

평양 감사로 삼아 북방의 병력을 책임지게 했답니다.

▲ 대동법 시행 기념비

대동법은 공물 대신 쌀이나 면포를 바치는 제도야.

1618년, 누르하치는 군사 2만 명을 거느리고 명나라를 공격했어요.

명나라는 9만 명의 군사로 맞섰지만 오합지졸이었어요.

나라가 위기에 처하자 명나라는 조선에 원군을 요청했어요.

'임진왜란 때 원군을 받은 적이 있으니 안 보낼 수는 없는데……'

고민을 끝낸 광해군은 강홍립에게 병력 1만 3,000명을 내주었어요.

그러고는 강홍립을 조용히 따로 불렀어요.

"명나라를 돕되 적극적으로 싸우지 마라.
 지금 명나라는 군사의 수는 많으나 국론이
   갈라져 있어서 누르하치를 이기지 못할 것이다."

"소신도 그렇게 판단하고 있사옵니다."

"만약 이번 싸움에서 명나라가 패하면 그대는 군대를 이끌고
 누르하치에게 항복하도록 하라. 그렇게 하면 앞으로 조선과
 후금은 돈독한 관계를 이루어 나갈 수 있을 것이다."

"목숨을 바쳐 폐하의 뜻을 이루겠나이다."

한편 조선의 군대 1만 3,000명이 명나라 군대를 도와
반격을 해 온다는 소식을 들은 누르하치는
병력 6만을 더하여 맞서 싸웠어요.

이때 강홍립이 몰래 누르하치에게
편지를 보냈어요.

조선은 명나라의 압력 때문에 어쩔 수 없이 전쟁에 참가했습니다.
우리 조선의 처지를 헤아려 주십시오.

조선군의 이 같은 태도로 후금의 군대는 더욱 사기가 올랐어요.
그런 상황에서 강홍립은 광해군으로부터 누르하치에게 투항하라는
밀서(몰래 보내는 편지)를 받고 그대로 했어요.
강홍립이 투항했다는 소식을 들은 조정은 발칵 뒤집혔어요.
"강홍립이 나라를 버리고 오랑캐와 한패가 되었으니,
강홍립의 가족을 모두 잡아 죽여야 합니다."
그러나 광해군은 강홍립의 가족이 편하게 지내도록 도와주었어요.
한편, 강홍립은 여진족에 포로로 잡혀 있으면서 여진족의 움직임을
알아내 광해군에게 전해 주었어요.

광해군은 누르하치가 머지않아 중국을
다스릴 것으로 내다보았어요.

▲ 청나라를 세운 누르하치

건주 여진의
부족장 출신이야.

'명나라의 시대는 갔다. 조선은 중국의 흐름을 빨리 읽어야 해.

괜히 명분만 내세워 명의 편을 들다가 나라가 망할 수도 있겠어.'

광해군은 중화사상에 빠져 중국의 한족 국가만을 섬기는

당시의 선비들과는 달랐어요.

오직 나라와 백성의 이익을 생각하며 외교 전략을 세운 거예요.

광해군은 백성들을 위해 대동법을 실시하는 등 나라를 다시

일으켜 세우기 위해 안간힘을 썼어요.

또한 여진족과 돈독한 관계를 맺어 나라의 이익을 꾀하고,

동시에 전쟁을 막기 위해 온 힘을 쏟았어요.

"우리 조선이 살기 위해서는 망해 가는 명나라를 버려야 한다."

이것이 바로 광해군의 중립 외교였어요.

그러나 광해군의 이런 깊은 뜻을 모르는 사람들이 있었어요.

반란을 꿈꾸는 세력들이었지요.

그들은 명나라를
버리면 곧 나라가
망한다고 생각하여
어떻게든 광해군을
죽이려 했어요.
그렇게 해서 일어난 것이
바로 인조반정이랍니다.

인조반정이 일어났을 때, 명나라와 후금은 계속 전쟁 중이었어요.

조선은 광해군의 중립 외교 덕분에 전쟁에 휘말리지 않았지만

언제든 전쟁이 터질 수 있는 아슬아슬한 상황이었어요.

서인들은 이런 상황을 놓치지 않고 반란을 일으켰지요.

갑작스러운 반란에 광해군은 궁궐을 내주고 말았어요.

1623년, 능양 대군은 김류, 김자점 등의 사대주의자들과 함께

광해군을 따르던 이들을 모두 몰아내고 왕위를 차지했어요.

이렇게 인조가 왕위에 오르면서 조선과 후금의 관계는 아주 나빠졌고,
그것은 훗날 정묘호란과 병자호란의 원인이 되었지요.
나라의 이익보다 명분과 당파의 이익만 내세운 인조반정은
조선 백성들이 엄청난 재난을 겪게 했고, 인조 자신도 청나라에
무릎을 꿇고 항복하는 '삼전도의 치욕'을 당하게 했어요.
광해군은 실리 외교와 현실 정치를 꽃피우기도 전에 밀려난
불행한 왕이었답니다.

인조반정의 명분은 광해군이 명나라에 대한 의리를 저버렸다는 것,

그리고 영창 대군을 죽이고 계모인 인목 대비를 가두었다는 거였어요.

하지만 이들이 내세우는 명분에는 문제가 있어요.

우선 인조의 무리들은 중국의 흐름을 제대로 읽지 못했어요.

기울어 가는 명나라와 떠오르는 청나라를 바로 알지 못한 거예요.

광해군은 이런 국제 흐름을 잘 알고 중립 외교를 고집했지요.

결국 광해군을 쫓아낸 인조의 무리들은 나라나 백성보다는

자신의 이상이나 큰 나라에 대한 동경이 더 강한 사람들이었던 거예요.

또한 광해군이 왕권에 위협이 되는 사람들을 없앤 것을 두고

폭정이라고 하는 것도 문제가 있어요.

폭정이란 백성들을 위협하여 피땀을 짜내는 것으로, 광해군은 일부

양반 세력들을 없애기는 했지만, 백성들을 괴롭히지는 않았어요.

광해군이 계속 왕위에 있었더라면….

조선의 역사가 좀 달라지지 않았을까?

오히려 백성의 부담을 덜어 주기 위해
여러 정책을 펼쳤어요.

조선의 역사를 보면, 훌륭한 왕들도
자신의 정적을 없앨 때는 인정사정이
없었어요.

대표적인 왕이 태종이에요.

태종은 왕위에 오르기 위해 형제들을
죽이거나 귀양 보냈어요.

또 나라를 세운 일등 공신을 죽이기도 했지요.

그러고 보면 광해군이 자신에 반대하는 사람들을 없앤 과정은

특별히 모질다고 할 수 없어요.

오히려 인목 대비를 죽여야 한다는 대북파의 주장을 물리쳤고,

영창 대군도 살려 두려고 애를 썼거든요.

그런데도 인조의 무리들은 자신들의 반란은 폭군을 몰아내기 위한

것이라며 중종반정과 비교하려고 했어요.

중종반정은 난폭한 왕을 몰아낸다는 확실한 목표가 있었지만,

인조반정은 그렇지 않았으니까요.

인조의 무리들은 하나같이 사대주의자이거나 광해군에게 원한이 있는

사람들이었어요. 결국 광해군은 명에 대한 입장의 차이로

사대주의자들에게 밀려난 것으로 볼 수도 있어요.

영창 대군도 살리려 했지만 당파 싸움에 휘말려 죽이고 말았어.

광해군은 자기 뜻대로 정치를 할 수 없었군!

▲ 영창 대군의 묘

광해군의 비참한 최후

광해군은 왕위에서 쫓겨난 뒤 왕비와 폐세자,
폐세자 빈과 함께 강화도로 보내졌어요. 반정 세력들은
이들을 떨어뜨려 놓고 서로 만나지 못하게 했어요.
그 가운데 폐세자는 강화도를 빠져나와 왕권을
되찾기로 결심하고 담 밑에 구멍을 뚫었어요.
그러나 탈출 계획은 실패하고 말았어요.
구멍으로 빠져나가다가 병사들에게 들키고 말았거든요.
결국 폐세자는 강화도로 귀양을 간 지 두 달 만에
인목 대비가 내린 사약을 받고 죽고 말았어요.
폐세자가 죽자 세자빈은 스스로 목숨을 끊었답니다.
그로부터 1년쯤 뒤에는 광해군의 아내 유씨도
귀양 온 지 1년 7개월 만에 세상을 떠나고 말았어요.
유씨는 자신의 가치관에 어긋나는 일을 보면 무슨 일이
있어도 따지고 드는 대담한 성격을 가지고 있었어요.
광해군이 명나라와 후금 사이에서 중립 외교를 펼치고
있을 때에는 그에 반대하기도 했어요.
"예로부터 사람이건 나라이건 그 사이에서
가장 중요한 것은 의리와 명분이라고 하였사옵니다.
명나라는 우리가 위험할 때마다 도움을 주었습니다.

37

그런데 지금 힘이 약해졌다고 명나라를 버리면 예의가 아닙니다."

인조반정으로 광해군이 쫓겨난 뒤에는 며칠씩이나 궁궐 구석에 숨어

있으면서 사람들을 모아 인조의 무리들을 비판하기도 했어요.

"그들에게는 아무런 명분이 없습니다. 그저 왕위를 탐내는 자들이

큰 명분을 들이대니 기가 찰 노릇입니다."

이렇게 꼿꼿한 그녀였지만 귀양 생활을 견디지 못하고 죽고 말았지요.

광해군 역시 몇 번이나 죽을 고비를 넘겼어요.

인조의 무리들은 광해군에게 몇 번이나 사약을 내리려고 했지만,

그때마다 남인 이원익이 반대하여 뜻을 이룰 수 없었어요.

"아무리 쫓겨난 왕이라 해도 사약을 내리는 것은 옳지 못합니다.

먼 곳에 귀양 가 있으니 덕을 베푸시기 바랍니다."

▲ 〈광해군 일기〉

광해군이 재위한 15년 2개월 간의 일을 적은 책이야.

정통성이 없는 왕이라 하여 '광해군'으로 칭해졌어.

하지만 1636년에 청나라가 광해군의 원수를 갚는다며 쳐들어오자
불안해진 조정은 광해군을 교동으로 옮겼어요.
이후 청나라에 무릎을 꿇은 인조는 혹시 광해군이 왕위에 다시
오를까 봐 겁이 나서 광해군을 멀리 제주도로 보내 버렸지요.
광해군은 제주 땅에서도 의젓한 자세로 살아갔어요.
자신을 감시하는 자가 좋은 방을 차지하고 광해군에게는
하인들이 쓰는 방을 내줘도 불평 한마디 하지 않았지요.
그는 긴 세월 동안 다시 궁궐로 돌아갈 희망을 버리지 않았어요.
하지만 꿈을 이루지 못하고 귀양 간 지 18년 만인 1641년에
67세의 나이로 세상을 떠나고 말았답니다.

▲ 광해군과 부인 유씨의 묘

〈동의보감〉을 완성한 허준

허준은 1539년에 무인 집안에서 태어났지만 의원의 길을 갔어요.
허준은 의과에 급제한 뒤, 31세 때인 1569년에 유희춘의 추천으로
내의원 의원이 되었어요.

허준은 선조 때 왕자의 천연두를 낫게 하여 유명해졌어요.

당시에는 천연두에 걸리면 높은 열에 시달리다가 죽는 일이 많았어요.

다른 의원들은 손도 대지 못하고 애만 태우고 있었지요.

이때 허준이 예전부터 내려오던 의학 책들과 청나라에서 가져온

책들에서 지식을 얻어 왕자를 낫게 했어요.

왕자의 건강이 회복되자 선조는 크게 기뻐하며 허준에게 직접

당상관이라는 높은 벼슬을 내려 주었어요.

임진왜란이 일어났을 때, 허준은 선조의 곁을 지켜

공신의 대열에 오르기도 했어요.

허준은 내의원에서 어의로 지내면서도 의학 연구를 게을리하지

않았어요. 그는 선조의 명령으로 대대로 내려오던 의학 서적들을

정리하기 시작했어요.

500권이 넘는 책들의 내용을 일일이 확인하며 고쳐

1596년에 〈동의보감〉을 완성했지요.

〈동의보감〉은 당시의 의학 지식을 모두 모아 놓은 책으로,

각 질병의 특징과 그에 따른 처방을 상세하게 적어 놓았어요.

또 의원들이 책을 보고 쉽게 치료할 수 있도록 약재로 병을

치료하는 방법, 침으로 병을 고치는 방법 등을 쉽게 써 놓았지요.

이 책은 청나라와 일본으로 전해지기도 했답니다.

허준은 1615년에 77세의 나이로 세상을 떠났어요.

왜란의 뒷수습을 위한 노력

조선은 임진왜란을 겪으면서 사회 질서가 무너졌어요. 윤리 의식도 약해지고 백성들의 마음도 흐트러졌어요. 광해군은 나라 질서를 바로 세우기 위해 〈동국신속삼강행실도〉를 펴내고, 대동법을 실시하여 백성들의 부담을 덜어 주었어요. 또 중립 외교를 통해 전쟁의 뒷수습을 위한 정책을 펼쳐 나갔어요.

❀ 흐트러진 마음을 바로잡다, 〈동국신속삼강행실도〉

광해군은 무너진 기강을 바로잡아야겠다는 생각에 전국에 방을 내려 충신, 효자, 열녀를 뽑아 상을 주게 하고, 본받을 만한 이야기를 책으로 엮으라고 명했어요. 이 책이 〈동국신속삼강행실도〉예요. 조선 초기에 펴낸 〈삼강행실도〉와 비슷한 내용을 담고 있지요.

나라를 위해 목숨을 바친 충신, 극진히 부모를 모신 효자 등 본보기가 될 만한 사람의 이야기를 그림을 곁들여 정리해 놓았어요. 임금과 신하, 부모와 자식, 남편과 부인 사이에 지켜야 할 도리를 가르치는 책이지요.

▲ 〈동국신속삼강행실도〉의 일부

❀ 대동법, 나라 좋고 백성 좋고

조선 시대 백성들은 물건으로 나라에 세금을 냈어요. 이를 '공물'이라고 하는데, 갓 잡은 생선부터 쌀, 과일, 부채나 바구니 등 종류가 무척 다양했어요. 그런데 공물을 바칠 때가 되어 물건이 준비되지 않으면 큰일이었어요. 그 때문에 공물을 대신 내주고 그 대가를 받는 방납인까지 생겨났지요. 시간이 지나면서 방납인의 횡포가 심해져 백성들은 경제적으로 무척 힘들었어요.

그래서 공물 대신 갖고 있는 토지의 넓이에

따라 쌀이나 베로 물건을 통일해서 내자는 주장이 나왔어요. 또 나라에서 필요한 물건은 상인에게 구해 오게 하고, 백성들에게서 거둔 세금으로 그 값을 치르자고 했지요. 이것이 바로 대동법이에요. 광해군 때 경기도에서 처음 실시되었고, 전국적으로 퍼져 나간 것은 숙종 때예요.

✿ 광해군의 실리 외교

광해군은 대외 정책에 있어서 명나라와 후금 사이에서 신중한 중립 외교를 벌였어요. 임진왜란으로 인해 조선과 명나라의 힘이 약해진 틈을 타서, 여진족의 누르하치가 세력을 키워 후금을 세웠어요. 명나라는 이를 막기 위해 조선에 출병을 요구했지요. 조선은 임진왜란 때 명나라의 도움을 받았기 때문에 명나라의 요구를 거절할 수 없었어요. 그러나 광해군은 새롭게 성장하는 후금과 적대 관계를 가지는 것이 현명하지 못하다고 판단했어요. 그래서 강홍립에게 1만여 명을 주어 출병시켰지만, 적극적으로 나서지 말고 상황에 따라 대처하라고 명령했어요. 결국 조·명 연합군은 후금군에게 패했고, 이후에도 명나라는 계속 원군을 요청해 왔어요. 광해군은 이를 적당히 거절하면서 후금과 친선을 꾀하는 중립적 외교 정책을 취했답니다.

▲ 광해군 일기

한국사 돋보기 광해군이 가장 좋아했던 반찬은?

광해군은 어려서부터 매우 총명했어요. 하루는 선조가 왕자들을 모아 놓고 무슨 반찬이 가장 좋은지를 물었어요. 왕자들은 각자 자기가 좋아하는 반찬을 말했어요. 하지만 광해군은 '소금'이라고 대답했어요. "소금이 들어가지 않으면 어떤 음식이든 제 맛을 내지 못하기 때문입니다." 선조는 고개를 끄덕이며 흐뭇해했어요.
또 하루는 선조가 왕자들을 불러 모으고는 부족한 것은 없는지 물었어요. 왕자들은 각자 자신에게 필요한 것들을 말했지만 광해군은 달랐어요. "어머니가 돌아가셔서 오직 그것이 슬플 따름입니다." 선조는 광해군의 총명함을 인정했고, 훗날 세자로 삼으려고 마음먹게 되었답니다.

역시 왕이 될 사람은 다른가 봐.

나라 살림의 근본, 양전

임진왜란을 겪으면서 전쟁터가 되어 버린 조선의 땅은 황폐해졌어요. 왕위에 오른 광해군이 가장 먼저 한 일이 토지 조사인 양전 사업이었어요. 양전 사업을 통해 땅을 기름지게 만들고, 세금도 더 많이 거둘 수 있었지요.

❀ 양전이란 무엇인가?

조선 시대에는 세금을 거두기 위한 자료를 마련하고자 '양전'이라고 불리는 토지 조사를 하여 그 내용을 '양안'이라는 토지 대장에 기록했어요. 양안에는 토지의 위치, 등급, 용도, 면적, 소유자 등이 적혀 있었지요. 이렇게 만든 양안은 해당 도·군, 한양의 호조에서 한 부씩 보관했어요.

▲ 조선 시대 토지를 측량할 때 사용한 인지의

이번에도 양안에서 내 토지를 빼 주게나~.

가진 땅도 없는데 세금을 내라니 뭘 먹고 살란 말이냐!

❀ 부자들은 양전에 반대했어요

양전은 20년마다 한 번씩 전국적으로 실시하는 것이 관례였어요. 하지만 토지를 많이 갖고 있던 부자들은 양전을 피해 가려 했지요. 토지가 많으면 세금을 많이 내야 했기 때문이에요. 권세를 가진 사람들은 갖은 방법을 써서 자기 토지를 양안에서 빠뜨려 세금을 내지 않으려고 했어요. 못된 지방 수령들은 멋대로 세금을 가로채 자신의 배를 불렸답니다.

❀ 양전이 제대로 시행되지 못하면?

양전이 제대로 시행되지 못하면 세금이 걷히지 않아 나라 살림이 어려워져요. 그래서 양전이 어지러워지면 조정에서는 이를 바로잡으려고 노력했지요. 하지만 높은 관리들은 양전에 반대했어요. 이것을 잡지 못한 왕은 백성들에게 무거운 세금을 물릴 수밖에 없었고, 백성들의 삶은 더욱 힘들어졌지요.

우리나라 역사 | **세계 역사**

▲ 대동법 시행 기념비

1600

광해군 즉위 ➡ 1608
경기도에 대동법 실시

〈선조실록〉 펴냄 ➡ 1609 ⬅ 갈릴레이,
망원경 제작

▲ 근대 과학의 선구자
갈릴레이

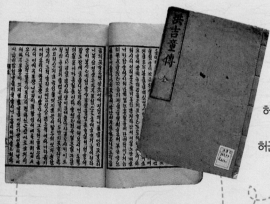

허준, 〈동의보감〉 완성 ➡ **1610**

허균, 〈홍길동전〉 지음 ➡ 1612

1613 ⬅ 러시아,
로마노프 왕조 성립

1616 ⬅ 여진, 후금 건국

공명첩 발행 ➡ 1617

1618 ⬅ 독일, 30년 전쟁 시작
(~1648)

조선, ➡ 1619 ⬅ 네덜란드,
명의 요청으로　　　　바타비아 건설
파병, 패배

한글 소설 〈홍길동전〉

적자와 서자의 신분 차별을 비
판하면서 탐관오리에 대한 징
벌, 가난한 서민들에 대한 구제,
새로운 세계의 건설 등을 제안
했어요.

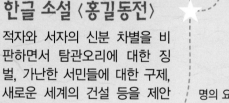

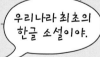

우리나라 최초의
한글 소설이야.

누르하치

중국 후금의 제1대 황제예
요. 후금의 성립은 명에 커
다란 위협이 되었어요.
1619년 명과 결전을 벌여
명군 10만을 물리치고 크
게 이겼어요.

황중윤, 명에 보냄 ➡ **1620**

인조반정 ➡ 1623 ⬅ 메이플라워 호,
미국 매사추세츠에 상륙

만주족의 한
부족인 건주여진의
추장이야.